Jürgen Kittsteiner · Peter Neumann

Übungen und Spiele
für Kinder und Jugendliche

Klett | Kallmeyer

Bibliografische Information der Deutschen Nationalbibliothek
Die Deutsche Nationalbibliothek verzeichnet diese Publikation in der Deutschen Nationalbibliografie;
detaillierte bibliografische Daten sind im Internet über http://dnb.d-nb.de abrufbar.

Impressum

Jürgen Kittsteiner, Peter Neumann
Klettern an der Boulderwand
Übungen und Spiele für Kinder und Jugendliche

7. Auflage 2021

© 2002. Kallmeyer in Verbindung mit Klett
Friedrich Verlag GmbH
D-30159 Hannover
Alle Rechte vorbehalten.
www.friedrich-verlag.de

Illustrationen: Erbse
Druck: Medienhaus PLUMP GmbH, Rheinbreitbach
Printed in Germany

ISBN: 978-3-7800-6082-2

Jürgen Kittsteiner · Peter Neumann

Klettern an der Boulderwand
Übungen und Spiele für Kinder und Jugendliche

Klett | Kallmeyer

Inhalt

Einleitung

Einleitung

Mit dieser Spiel- und Übungssammlung wollen wir Lehrenden und Übungsleitern im Schul- und Vereinssport Anregungen und Hilfen für einen interessanten und abwechslungsreichen Kletterunterricht geben. Für die Spiele und Übungen sind keine spezifischen Sicherungstechniken und Sicherungsmittel wie Seil, Klettergurt und Karabiner nötig. Sie sind gedacht für ein Klettern in Absprunghöhe an der Boulderwand. Viele Spiele und Übungen lassen sich jedoch auch draußen am Fels durchführen, wenn man ein geeignetes Übungsgelände findet.

Im ersten Teil des Buches informieren wir über den Eigenbau von Boulderwänden. Viele Schulen, Vereine und andere soziale Einrichtungen wie Kindergärten haben (noch) keine eigene Boulderwand. Dass der Eigenbau einer Boulderwand nicht so schwierig und aufwändig ist, wird anhand der für den Bau einer Boulderwand erforderlichen Planungs- und Arbeitsschritte aufgezeigt. Unsere Empfehlungen folgen den derzeit geltenden Vorschriften.

Im zweiten Teil erläutern wir Kletterübungen. Beim Üben an der Boulderwand geht es um ein mehrmaliges Wiederholen einer bestimmten Bewegungsfolge. Schon Gelerntes und Gekonntes soll verbessert und gefestigt werden. Wir unterscheiden Übungen wie folgt:

a) zur Verbesserung der Wahrnehmung
b) zur Verbesserung des Greifens
c) zur Verbesserung des Tretens
d) zur Positionierung des Körpers

Die vorgeschlagenen Übungen richten sich in erster Linie an Anfänger und Fortgeschrittene und beinhalten nicht den Anspruch eines systematischen Klettertrainings.

Im dritten Teil werden verschiedene Boulderspiele vorgestellt, die den Kletterschülern Spaß machen sollen. Die Spiele können angeboten werden zum Aufwärmen oder zum Abwärmen, zur Auflockerung und Abwechselung im normalen Unterricht, aber auch zu Trainingszwecken. Unsere Spielsystematik folgt der übergeordneten Spielidee:

a) Such- und Merkspiele
b) Transport- und Geschicklichkeitsspiele
c) Fang- und Verfolgungsspiele
d) kombinierte Wettspiele

Neben der Spielbeschreibung werden auch weitere Spielvarianten vorgeschlagen. Zusätzliche Angaben zu Materialien/Geräten, Spieldauer und Spielerzahl sollen einen schnellen Zugriff ermöglichen.

Der Redlichkeit halber sei erwähnt, nicht alle Spiele und Übungen sind neu und von uns erfunden worden. Deshalb führen wir abschließend die von uns benutzte und einige weiterführende Literatur für den Kletterunterricht auf.

Bauanleitung

Bau einer Boulderwand

Mit einer Boulderwand wird das schulische Bewegungsangebot für Kinder vergrößert, zudem schafft man für sie eine attraktive Bewegungsgelegenheit. Genutzt werden kann die Boulderwand sowohl im Sportunterricht als auch in der bewegten Pause.

Eine Boulderwand (Boulder = Felsblock) ist eine künstlich eingerichtete Kletterwand, die – senkrecht oder überhängend – ohne Seilsicherung beklettert werden darf.

Immer mehr Schulen und Vereine entdecken die Attraktivität des Kletterns und wollen eine eigene kleine Kletterwand bauen. Im Folgenden fassen wir die wichtigsten sicherheitstechnischen und bauplanerischen Schritte auf dem Weg zu einer eigenen Boulderwand zusammen. Soll eine eigene Boulderwand entstehen, empfiehlt es sich, Anregungen von Betreibern schon bestehender Boulderwände einzuholen. Auch können Firmen, die den Kletterwandbau professionell betreiben, auf Anfrage sicherlich gute Informationen bieten. Der Eigenbau einer einfachen Boulderwand ist jedoch nicht so schwer!

Sicherheitstechnische Bestimmungen (vgl. GUV 20.54)

- Die Einrichtung einer Boulderwand bedarf keiner Genehmigung durch ein TÜV-Gutachten.
- Die Einrichtung einer Boulderwand gilt in der Regel nicht als „bauliche Veränderung".
- Die max. Tritthöhe beträgt 2m.
- Die max. Griffhöhe beträgt 3m.
- Die zulässige Tritthöhe ist abhängig von den Dämpfungseigenschaften des Untergrundes vor der Boulderwand: nicht dämpfend z. B. Asphalt (max. 60cm), ungebundener Boden z. B. Rasen (max. 1,5m), dämpfend z. B. Kies, Sand, Rindenmulch (max. 2m).
- Ein Überklettern des höchsten Griffes muss ausgeschlossen sein.
- Der Niedersprungbereich muss ebenerdig und hindernisfrei sein.
- Der Niedersprungbereich muss mindestens 2m seitlich und nach hinten ausgedehnt sein.
- In Reichweite der Boulderwand dürfen sich keine elektrischen Leitungen befinden.
- Im Griff- und Trittbereich der Boulderwand dürfen keine Fenster etc. sein.
- Die verwendeten Griffe und Tritte sollten von einer Fachfirma stammen (keine Holzgriffe!).

- Die Befestigungssysteme (Schrauben und Dübel) sollen von einer Fachfirma bezogen werden.
- Die Eigenmontage der Dübel muss nach den Hinweisen der Fachfirma erfolgen.
- Es dürfen keine offenen Bohrlöcher vorhanden sein.
- Die Boulderwand sollte nicht im Durchgangsbereich oder einem stark frequentierten Verkehrsbereich (z. B. Flur, Pausenhalle) stehen.
- Die Boulderwand bedarf einer regelmäßigen (jährlichen) Funktionskontrolle durch eine verantwortliche Lehrkraft.
- Beschädigte Griffe und Tritte müssen unbedingt ausgetauscht werden.

Eine kleine Bauanleitung

Wir beschränken uns hier auf Hinweise zu einer einfachen Baukonstruktion, bei der Griffe und Tritte direkt an der Trägerwand befestigt werden. Etwas aufwändiger

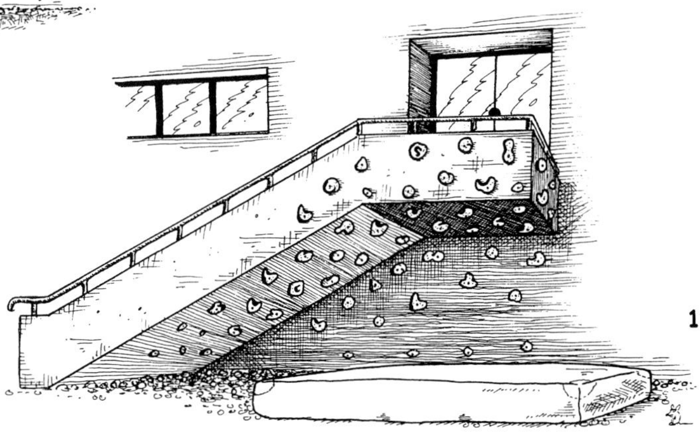

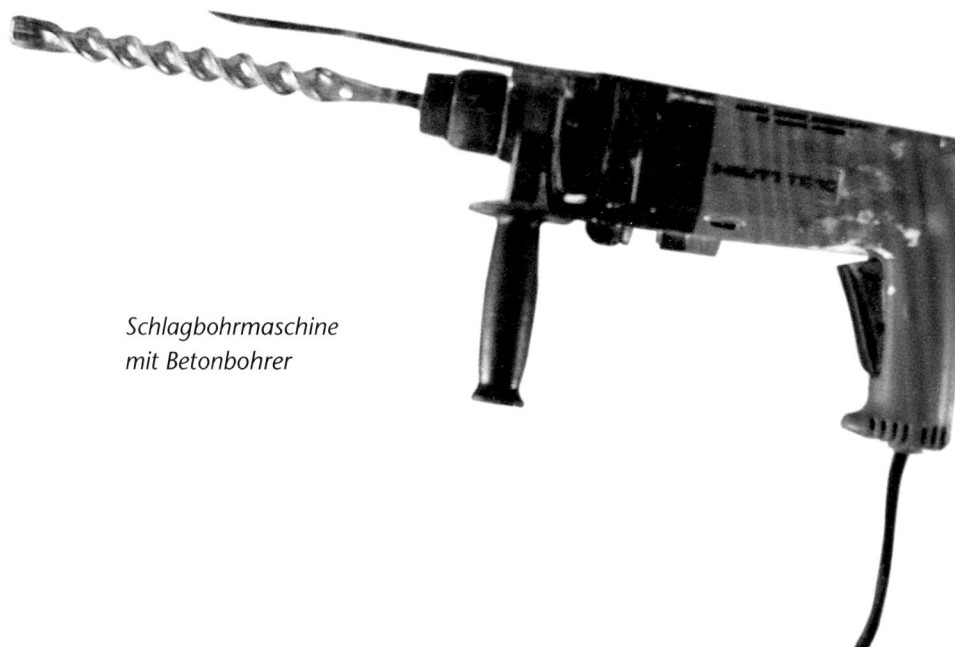

Schlagbohrmaschine
mit Betonbohrer

sind Boulderwandkonstruktionen, bei denen Griffe und Tritte auf Multiplexplatten oder vorgefertigte Kunststoffplatten befestigt werden. Diese Konstruktionen bieten gegenüber der einfachen Konstruktion jedoch den Vorteil, dass sie zumeist ein variableres Griff- und Trittangebot ermöglichen und dass die Wandneigung verstellbar ist. Die folgenden Hinweise haben wir übernommen von HINKEL/BETZ (2000, 41–45).

Zunächst muss die Trägerwand genau geprüft werden, um die Wahl der Befestigungssysteme möglichst optimal abstimmen zu können. Es ist empfehlenswert, hierzu Einsicht in die Bauunterlagen zu nehmen (Schulleitung und Hausmeister können beim Beschaffen behilflich sein). Weiterhin empfehlen wir bei größeren Bauvorhaben auch eine Begutachtung der Wand durch einen Befestigungstechniker einer Firma, die derartige Systeme anbietet.

Es sollte nicht versäumt werden, mit dem Kauf der Befestigungssysteme ein Zertifikat zu verlangen, in dem der Hersteller Garantien übernimmt. Im Folgenden nennen wir einige Hinweise zu den häufigsten Wandarten, zu den Befestigungssystemen und zur Montage:

Betonwand und Vollsteinwand

Eine solche Wand ist besonders günstig, denn das Befestigungssystem ist relativ leicht zu montieren und kostengünstig. Es werden so genannte Einschlaganker für die Befestigung verwendet. Sie bestehen aus galvanisiertem, verzinktem und nicht-rostendem Stahl und haben ein metrisches Innengewinde. Für den Kletterwandbau kommen nur die M10-Einschlaganker infrage, denn von den namhaften Kletterwandherstellern werden nur Inbusschrauben mit metrischem 10-mm-Gewinde verwendet.

Das metrische Gewinde garantiert, dass der Dübel einem geringen Verschleiß unter-
liegt, wenn der Klettergriff gedreht oder ausgewechselt wird. Ein Tropfen Öl in den
Gewindegang des Dübels erhöht seine Haltbarkeit. Zur Montage: Man braucht eine
gute Schlagbohrmaschine mit einem 12-mm-Betonbohrer, einen Hammer und das
passende Einschlagwerkzeug.
Dazu noch folgende Montagehinweise:
- Bohrlochtiefe und Bohrerdurchmesser müssen unbedingt eingehalten werden.
- Der Konus des Einschlagankers wird mit dem entsprechenden Einschlagwerkzeug
  eingetrieben, bis der Werkzeugbund aufliegt.
- Angegebene Achs- und Randabstände müssen eingehalten werden, da sonst Spalt-
  gefahr des Betons besteht.
- Schraubenlänge beachten: Bei zu langen Schrauben ist kein Anspannen des Klet-
  tergriffs möglich, bei zu kurzen Schrauben ist die Gewinde-Tragfähigkeit zu gering.

Hohlsteinwand

Bei der Hohlsteinwand muss tiefer in die Tasche gegriffen werden, um solide Befestigungssysteme einbringen zu können; zudem ist mehr handwerkliches Geschick
erforderlich. Benötigt werden Injektions-Netzanker. Diese bringen die nötige Fes-
tigkeit für die Klettergriffe.
Hierzu sind mehrere Arbeitsgänge erforderlich:

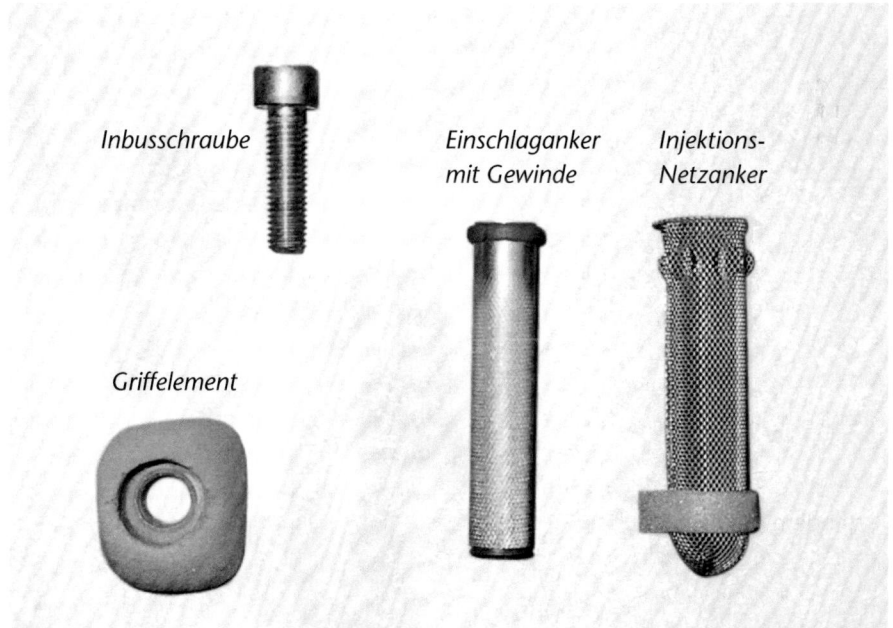

Inbusschraube

*Einschlaganker
mit Gewinde*

*Injektions-
Netzanker*

Griffelement

- Die vom Hersteller beigefügte Montageanleitung unbedingt lesen!
- Das Bohrloch gründlich vom Bohrstaub reinigen.
- Das Bohrloch sollte möglichst trocken sein, um eine gute Klebeleistung zu erreichen.
- In ein mit einem 22-mm-Mauerbohrer gebohrtes Loch wird ein Injektions-Netzanker (M10 Innengewinde) eingebracht.
- Der Injektions-Netzanker wird mit schnellbindendem Kunstharzmörtel ausgepresst.
- Nach ca. drei Stunden ist der Netzanker voll belastbar und die ersten Klettergriffe können montiert werden. Durch das metrische Innengewinde ist auch hier die Garantie gegeben, dass Klettergriffe schnell ausgewechselt oder in ihrer Position verändert werden können. Der Tropfen Öl hilft, das Gewinde im Dübel zu schonen.

Holzverkleidete Wand

Bei diesem Spezialfall muss in jedem Fall ein Fachmann hinzugezogen werden, denn ein „Laie" kann hier keine Aussagen über die Befestigungsmöglichkeiten von Klettergriffen machen. Es sollten auch keine „Alleingänge" gewagt werden, denn wenn tatsächlich Griffe oder Tritte herausbrechen und Unfälle passieren, wird nach den Verantwortlichen gefragt. Doch es gibt immer Lösungen – egal für welchen Wandtyp. Es ist nur eine Frage der zur Verfügung stehenden Befestigungssysteme und natürlich des Geldes, denn erforderlich sind vielleicht Spezialanfertigungen, die den Bau der Kletterwand verteuern.

Weitere Tipps zum Bauvorhaben

Erst planen, dann kommt der Bohrer

Vor dem Ansetzen der Bohrmaschine sollte man sich Gedanken über das Griffraster der Boulderwand machen und alle zu bohrenden Löcher an der Wand markieren. Man kann das Lochraster auf eine Folie zeichnen und mithilfe eines Overheadprojektors an die Wand projizieren.

Die Wand wird zum „Schweizer Käse" – Beispiel für ein Lochraster

Zu empfehlen sind zwei Griffraster: Das 90er- oder 60er-Raster. Die Löcher haben beim 90er-Raster einen Abstand von ca. 20×20 cm im Quadrat. Beim 60er-Raster entstehen auf einem Quadratmeter 23 Bohrungen, wenn die 20-cm-Einteilung eingehalten wird. In der Regel schraubt man 6–10 Griffe und Tritte pro Quadratmeter ein.

Brauchbare Griffe und Tritte kaufen

Klettergriffe werden inzwischen von verschiedenen Firmen angeboten, deren Produkte beim Klettern jedoch nicht immer die große Freude aufkommen lassen. Wenn Sie selbst nicht klettern oder nur wenig Erfahrung mit dem Klettern an künstlichen Kletterwänden haben, lassen Sie sich von einem spezialisierten Kletterwandhersteller ein konkretes Angebot machen. Auf Anfrage stellen diese beispielsweise bestimmte Griff/Tritt-Sets zusammen oder beraten Sie hinsichtlich einer Auswahl, die auf die jeweilige Nutzergruppe abgestimmt ist.

Rindenmulch und saubere Einfassung des Untergrundes für die Boulderwand.
Der Niedersprungbereich sollte 2 m nach hinten auslaufen.

Die Wahl des Untergrundes

Empfehlenswert ist es, unter der Boulderwand ein Kiesbett anzulegen. Dazu sollte ein Bereich 0,3 m tief × 2,5 m breit Länge der Kletteranlage (mit jeweils 2m seitlicher Absprungzone) ausgekoffert und mit grobem Kies aufgefüllt werden. Die Vorteile sind: Regenwasser versickert, Schmutz an den Schuhsohlen wird weitestgehend abgestreift und nicht an die Kletterwand getragen, Griffe/Tritte werden nicht so schnell unbrauchbar wie durch den Abrieb, der z. B. mit sandigen Schuhen erfolgt.

Die Schüler am Bauvorhaben beteiligen

Viele schulische und außerschulische Projekte haben gezeigt, dass installierte Sportgeräte länger „leben" und einen bleibenden Aufforderungscharakter haben, wenn sich die Kinder und Jugendlichen am Bau beteiligen können. Sie identifizieren sich stärker mit der neu geschaffenen Klettermöglichkeit, weil das „ihre Boulderwand" ist, die sie selbst gebaut haben.

Tristess oder malerische Verschönerung?

Der nackte Beton lädt nicht gerade zum Klettern ein, deshalb werden viele Boulderwände an Schulen mit farbigen Motiven versehen. Das ist nicht nur ein guter Anlass für ein fächerübergreifendes Projekt, sondern führt auch zu einem „Farbtupfer" auf ansonsten eher grauen Pausenhöfen. Bevor aber der Pinsel geschwungen wird, sollte die Frage nach geeigneten Motiven oder Szenen (z. B. Kletter-

Erste Schritte auf dem Weg zu einem selbst gemachten Kletter- dschungel

dschungel) mit den Schülern geklärt werden. Hier muss man sich nicht nur auf die eigene Fanta- sie verlassen, sondern kann auch auf die Wünsche oder Gestaltungsvorschläge der Schüler eingehen.

Zur Einweihung und späteren Nutzung

Wenn die Boulderwand fertig ist, sollte die Freigabe zum Beklettern ruhig in einem etwas feierlichen Rahmen erfolgen. Dafür bieten sich Schulfeste, Tage der offenen Tür oder Sportelternabende an. Bei einem solchen Anlass können ein paar Spiel- ideen aus unserem Buch das Kletterengagement der Kinder und Eltern sicherlich noch erhöhen und für Abwechslung sorgen.

Um auf Dauer eine unfallfreie Nutzung zu gewährleisten, müssen Sie gelegentlich die Befestigung der Tritte und Griffe prüfen sowie bei Bedarf z. B. den dämpfen- den Rindenmulch auffüllen. Außerdem empfiehlt es sich, mit den Kindern und Jugend- lichen ein paar grundlegende Verhaltensweisen einzuüben (z. B. nicht übereinan- der zu klettern) und neben der Boulderwand gut sichtbar ein Schild mit den wich- tigsten Benutzerregeln anzubringen.

*Der fertige Kletter-
dschungel lädt zum
Klettern ein*

Tipps zur Finanzierung

Die Höhe der Kosten für eine Boulderwand hängt von deren Größe und der jeweils gewählten Konstruktion ab. Im günstigsten Fall müssen Sie nur die jeweiligen Griff- und Trittelemente sowie die Schrauben und Einschlaganker anschaffen. Teuerer wird es, wenn Ihre Trägerwand keine Beton- oder Vollsteinwand ist und entsprechend aufwändiger gearbeitet werden muss. Bedenken Sie auch, dass die zur Bemalung notwendige Farbe oder der Rindenmulch etwas kosten. Viel Geld sparen Sie aber, wenn Sie, die Kinder, der Hausmeister und die Eltern die Boulderwand kompetent in Eigenleistung erstellen.

Gibt es an Ihrer Einrichtung einen Topf für solche Anschaffungen? Gibt es einen Förderverein? Gibt es einen Schulbasar? Gibt es interessierte und engagierte Eltern? Gibt es Beziehungen zu örtlichen Sponsoren? Sicherlich finden Sie Wege, um das nötige Geld aufzutreiben.

Übungen an der Boulderwand

Übungen an der Boulderwand

Übungen zur Verbesserung der Wahrnehmung

Mit den verschiedenen Wahrnehmungsübungen sollen die Übenden unterschiedliche Sinne beim Klettern erspüren und ihre sinnliche Eindrucksfähigkeit verbessern. Nicht nur der visuelle Sinn (Auge) liefert uns beim Klettern wichtige Informationen über die Qualität von Griff und Tritt, sondern wir erleben mehr oder weniger bewusst Wärme und Kälte, Zug und Druck, Spannung und Entspannung, Rauigkeit und Reibung, Höhe und Tiefe sowie die Dynamik unserer Bewegungen. Diese vielfältigen Eindrücke bilden unseren Wahrnehmungsraum beim Klettern und liefern jene Informationen, die wir brauchen, um das Gleichgewicht zu finden, dieses kurz aufzugeben, um es dann wiederzuerlangen.

Die Wahrnehmungsübungen richten sich an den Sehsinn (visueller Sinn), den Gleichgewichtssinn (vestibulärer Sinn), die Muskelspannung und die Gelenkstellungen (kinästhetischer Sinn), das Zug- und Druckempfinden (taktiler Sinn) und das Gehör (akustischer Sinn). Es empfiehlt sich, diese Übungen (auch bei Fortgeschrittenen) hin und wieder in den Unterricht einzustreuen. Den Übenden sollte jedoch klar sein, dass es dabei nicht primär um die Verbesserung der Kletterleistung geht, sondern um eine sinnliche Sensibilisierung beim Klettern.

OPTISCHE WAHRNEHMUNG (SEHEN)

Wo geht's lang?

Übungsbeschreibung:	Vor dem Kletterstart die Boulderstrecke einsehen und dem Partner beschreiben.

Wie geht's weiter?

Übungsbeschreibung:	Aus der Kletterposition dem Partner die Griffe (bzw. Tritte) ansagen, die erreicht und gehalten werden können, ohne dabei die Füße von den Tritten zu lösen.

Mit Schirmmütze klettern

Übungsbeschreibung:	Beim Klettern eine Schirmmütze möglichst tief ins Gesicht ziehen, um das Sehfeld einzuschränken. Damit wird man gezwungen, vermehrt auf die Tritte und das Antreten zu achten.
Materialien:	Schirmmützen

Einauge/Pirat

Übungsbeschreibung:	Abwechselnd das linke und das rechte Auge beim Bouldern verbinden. Durch das eingeschränkte Sehen wird das bewusste Sehen und Greifen/Treten geschult.
Materialien:	Tücher zum Augenverbinden

Kontrasterfahrung: ganz eng an der Wand und möglichst weit entfernt

---

Platt an der Wand

Übungsbeschreibung: Möglichst nah an der Wand klettern; negativ erlebt wird hierbei, dass diese Position wenig Bewegungsspielraum und nur eine eingeschränkte Sicht auf Griffe und Tritte bietet.

Blind klettern

Übungsbeschreibung: Beim Klettern eine Augenbinde (eingefärbte Schwimmbrille, Tuch, Schlafbrille) tragen und Griffe und Tritte ertasten.

Variation: Ein paar Kletterzüge zunächst mehrmals sehend klettern und sich diese einprägen, dann gleiches einmal mit geschlossenen Augen versuchen.

Materialien: Tücher zum Augenverbinden, eingefärbte Schwimmbrille, Schlafbrille

VESTIBULÄRE WAHRNEHMUNG (GLEICHGEWICHT)

Nahe am Seil

Übungsbeschreibung: An der Boulderwand wird oben
ein Seil befestigt,
das bis zum
Boden reicht.
Aufgabe ist es, nur
Griffe und Tritte
zu benutzen, die
möglichst nahe
am Seil sind.

Materialien: Seil

Zusatzgewicht

Übungsbeschreibung: Mit einem Rucksack klettern,
wobei das Ruck-
sackgewicht vari-
iert werden soll.
Den Übenden
wird schnell der
Zusammenhang
zwischen Last und
Kraft beim Klet-
tern deutlich
sowie das Prinzip,
möglichst viel
Gewicht auf die
Tritte zu bekom-
men.

Materialien: Rucksäcke und
Zusatzgewichte

Nahe am Seil klettern

23

Es ist nicht einfach, die Kräfte des schweren Pendels beim Klettern zu kompensieren

Schweres Pendel

Übungsbeschreibung:	Ein etwa 3kg schweres Pendel an einem Seil hinten mittig an den Klettergurt hängen oder an der Hüfte befestigen. Aufgabe ist es, zu klettern und die Kräfte des schwingenden Pendels zu kompensieren.
Materialien:	Seil, ggf. Klettergurte, Gewichte

Speed

Übungsbeschreibung:	Eine Kletterstrecke möglichst schnell klettern und dabei das Gleichgewicht nicht verlieren.
Materialien:	Stoppuhr

KINÄSTHETISCHE WAHRNEHMUNG (SPANNUNGSGEFÜHL)

Spannung aufbauen – Spannung abbauen

Übungsbeschreibung: Ein paar Kletterzüge bewusst „verkrampft" klettern, dann wie ein „Schlaffsack" weiterklettern.

Zeitlupenklettern

Übungsbeschreibung: Langsame Kletterbewegungen ausführen und beschreiben, wo Spannung aufgebaut wird und wo die Spannung nachlässt.

Wo spannt es?

Übungsbeschreibung: Einer klettert und der Partner zeigt auf die angespannten Muskeln am Körper. Zur Kontrolle tippt er diese Muskelgruppen kurz an und sein Kletterpartner bestätigt oder verneint diese Deutung.

Spannungsdiagonale

Übungsbeschreibung: Aufgabe ist es, einen Spannungsbogen zwischen der linken Hand und dem rechten Fuß oder zwischen der rechten Hand und dem linken Fuß aufzubauen, um so eine höhere Stabilität zu erreichen.

25

Asynchron klettern

Übungsbeschreibung:	Aufgabe ist es, die Arme schnell und die Beine langsam zu bewegen; also schnelles Greifen und langsames Antreten. Das kann auch umgekehrt geübt werden, dann heißt es, schnell antreten und langsam weitergreifen.
Variation:	Rechte Körperseite klettert schnell, linke Körperseite langsam und umgekehrt.

Weichei

Übungsbeschreibung:	Versuchen eine Kletterstrecke möglichst ohne Körperspannung zu klettern.

Rhythmus

Übungsbeschreibung:	In einen Kletterrhythmus aus Belastung und Entlastung kommen; laut Mitzählen 1, 2, 3, 4 und möglichst im Takt rhythmisches Weitergreifen und Antreten ausführen.
Variation:	Es wird ein bestimmter Rhythmus (z. B. Walzer) vorgegeben.
Materialien:	Abspielgerät, Musikkassette oder CD

TAKTILE WAHRNEHMUNG (ZUG UND DRUCK)

Eva Zwerg und Adam Riese

Übungsbeschreibung:	Beim Queren ganz groß anfangen und zum Schluss ganz klein werden.
Variation:	Auf Kommando klettern alle zwergenklein oder riesengroß.

Luftballon im Bauch

Übungsbeschreibung:	Mit einem Luftballon unter dem T-Shirt klettern; weil der Körperschwerpunkt weit von der Wand weg ist, erhöht sich der Zug an den Fingern.
Materialien:	Luftballons

Luftballon zwischen den Beinen

Übungsbeschreibung:	Mit einem Luftballon zwischen den Beinen klettern.
Materialien:	Luftballons

Wo drückt es und kannst du das ändern?

Übungsbeschreibung:	Alle „Druckstellen" beim Klettern zuerst benennen und dann verändern.

Luftballontransport

*Handschuhe
verändern das
Greifempfin-
den und
erschweren
das Klettern*

Mit Handschuhen klettern

Übungsbeschreibung: Mit einem oder zwei Fingerhandschuhen (oder dicken
Fäustlingen) versuchen zu klettern.

Materialien: verschiedene Handschuhe

Mit und ohne Kletterschuh

Übungsbeschreibung: Mit einem Kletterschuh und einem Straßenschuh
(oder auch mit einem Fuß ohne Schuh), mit einem
Kletterschuh und einem Turnschuh, mit zwei verschiedenen Kletterschuhen klettern.

Materialien: Turnschuhe, Kletterschuhe

AKUSTISCHE WAHRNEHMUNG (HÖREN)

Laut und Leise

Übungsbeschreibung: Eine Kletterstrecke einmal möglichst laut und einmal
möglichst leise klettern.

Nähnadel

Übungsbeschreibung: Kann die Gruppe so leise klettern, dass man eine
Nähnadel, die der Lehrer fallen lässt, hört?

Materialien: Nähnadel

Übungen zum Greifen

Mit den verschiedenen Greifübungen sollen die Übenden unterschiedliche Belastungsrichtungen (Obergriffe, Untergriffe und Seitgriffe) kennen lernen, verschiedene Griffformen ausführen (aufgestellte Finger, hängende Finger, Zangengriff) und den optimalen Formschluss erlernen – also die vorgegebene Griffstruktur optimal zu belasten. Wichtig: Die Übenden sollen außerdem nicht unkontrolliert nach Griffen schnappen.

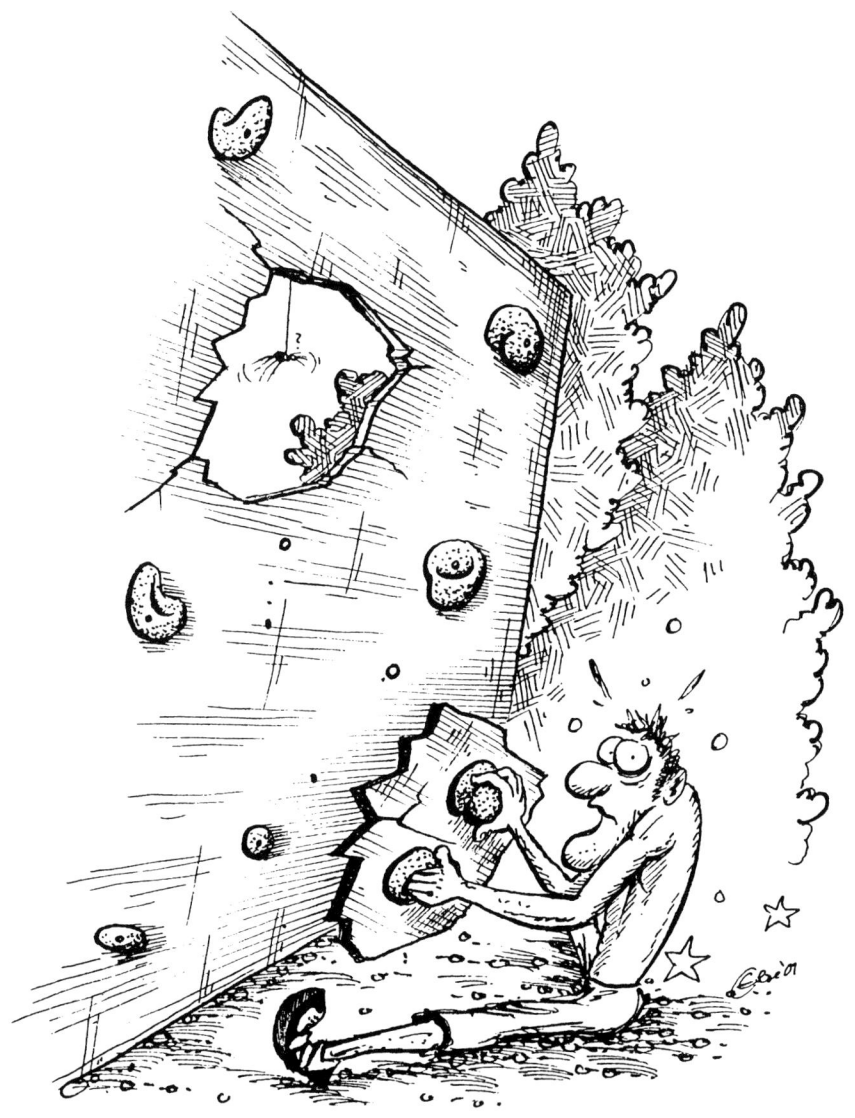

Seitgriff

aufgestellte Finger

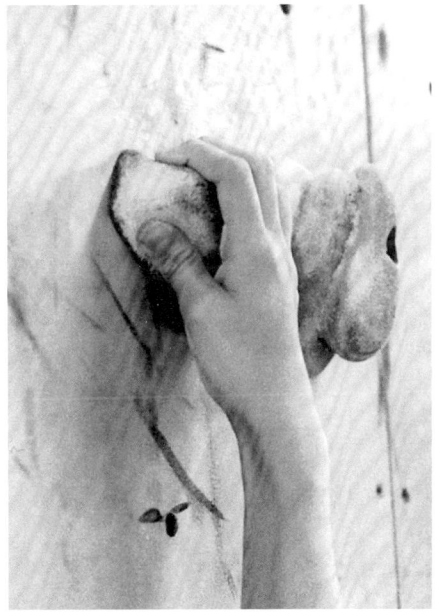

*hängende Finger und aktiver
Daumeneinsatz*

31

Krake

Übungsbeschreibung: Wer erreicht aus der Kletterposition die meisten Griffe/Tritte mit der rechten (oder linken) Hand/Fuß?

Kling Glöckchen ...

Übungsbeschreibung: Mit einem Glöckchen am Ärmel möglichst lautlos klettern. Das gelingt nur bei ruhigen und kontrollierten Greifbewegungen.

Materialien: Glöckchen, Klemme

Handhandicap

Übungsbeschreibung: Mit einem Kieselstein, einem Tischtennisball oder einem Tennisball in der Hand klettern.

Materialien: verschiedene Gegenstände und Bälle

Einarmiger Bandit

Übungsbeschreibung: Mit einem Arm auf dem Rücken einarmig weitergreifen. Diese Übung sollte zunächst an der Sprossenwand erfolgen. Geübt wird das Greifen im so genannten „toten Punkt".

Always the same

Übungsbeschreibung: Beim Quergang darf die eine Hand immer nur den Griff benutzen, den die andere Hand vorher gefasst hat. Dazu müssen die am Griff benutzten Finger „ausgewechselt" werden.

Überkreuz: Die linke Hand greift über die rechte Hand

Überkreuz

Übungsbeschreibung: Die Greifhand wird über die Haltehand geführt und greift nach vorne. Diese Greiftechnik ist kontrollierter, dafür kann man nicht so weite Kletterzüge ausführen.

Unterkreuz

Übungsbeschreibung: Die Greifhand wird unter der Haltehand durchgeführt und greift möglichst weit nach vorne. Diese Greiftechnik ist anstrengender als die Überkreuztechnik, dafür kann man aber weitere Kletterzüge realisieren.

Verhaftet

Übungsbeschreibung: Die beiden Handgelenke werden mit einem Theraband (leicht dehnbares Band, das es in unterschiedlichen Dehnungsstufen gibt) auf Abstand von 30–50 cm zusammengebunden. Aufgabe ist es, mit der so verkürzten Reichweite zu klettern.

Materialien: Therabänder

Großer Griff – langer Arm

Übungsbeschreibung: Immer wenn der Kletterer einen großen Griff erreicht, wird der betreffende Arm lang gemacht und die andere Hand geschüttelt.

Dynamos

Übungsbeschreibung: Dynamisch mit einer Hand oder beidhändig (Doppeldynamo) einen schnellen, aber kontrollierten Zug zu großen Griffen (!) hin ausführen.

Übungen zum Treten

Mit den verschiedenen Trittübungen sollen unterschiedliche Formen des Antretens (mit der Spitze, Außenrist, Innenrist, Ferse) kennen gelernt werden. Es gilt, auf das Trittangebot zu achten und Zutrauen zur Standfestigkeit der Füße zu gewinnen. Es soll gelernt werden, sicher und genau – unbelastet – anzutreten und die gewählten Tritte optimal zu belasten. Um möglichst viel Gewicht auf die Füße zu bekommen, empfiehlt es sich, bei senkrechter und überhängender Kletterei aktiv anzutreten, d. h. den Körperschwerpunkt mit den Füßen Richtung Kletterwand/Fels zu „ziehen".

Trust your feet

Übungsbeschreibung: Knapp über dem Boden zunächst auf großen Tritten stehen und versuchen eine Hand zu lösen. Verschiedene Tritte ausprobieren und die Trittkombination finden, bei der man sich am sichersten fühlt und am wenigsten Haltekraft mit den Armen aufbringen muss.

Auf Tritte achten

Übungsbeschreibung: Wie viele Tritte kannst du antreten, ohne die Griffe zu verändern?

Express-Schlinge auf dem Spann

Übungsbeschreibung: Einen Quergang (seitliches Fortbewegen ohne Höhengewinn) mit einer Express-Schlinge auf einem Fuß oder beiden Füßen klettern. Um die Express-Schlinge nicht zu verlieren, muss ruhig und sauber angetreten werden.

Materialien: Express-Schlingen

Auf leisen Sohlen

Übungsbeschreibung: Zunächst verschiedene Gegenstände (z. B. Legosteine, Spielfiguren, Münzen) auf größere Tritte legen. Klettern ohne die Gegenstände herunterzuwerfen.

Materialien: verschiedene Gegenstände (s. o.)

Antreten mit dem Außenrist ...　　　　*... mit dem Innenrist*

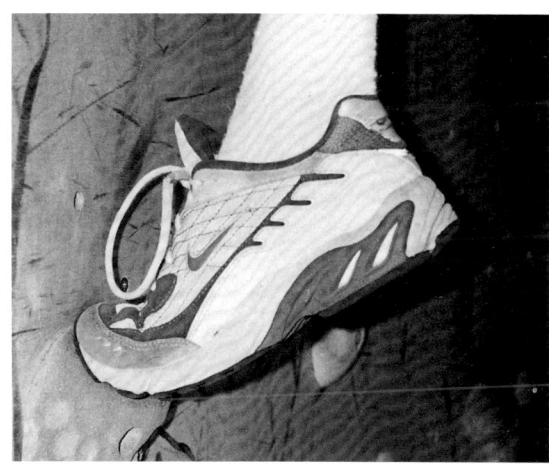

... und der Fußspitze

Spitze/Außen-/Innenrist

Übungsbeschreibung:　　Abwechselnd mit der Spitze, dem Außen- und Innenrist antreten.

Vorne/hinten kreuzen

Übungsbeschreibung: Beim Quergehen hinter oder vor dem jeweiligen
Standbein kreuzen und antreten.

Toe & Heel-Hook

Übungsbeschreibung: Die Ferse auf einen großen Tritt legen und drücken
(Hook) oder die Schuhspitze hinter oder unter einem
Tritt verklemmen und ziehen.

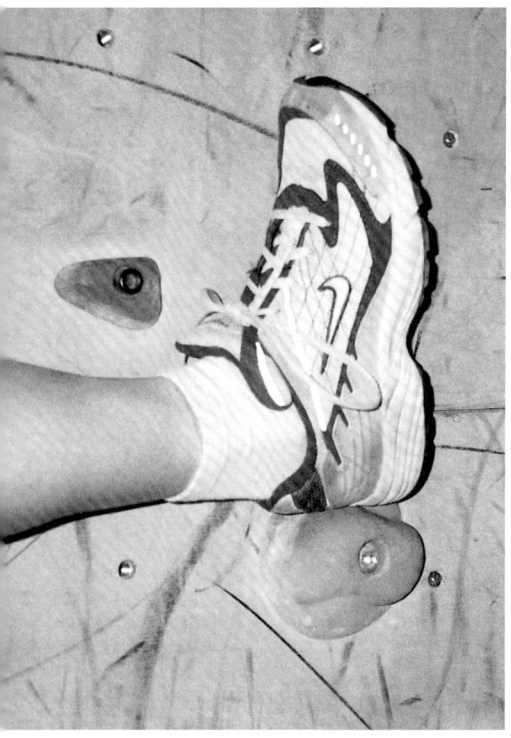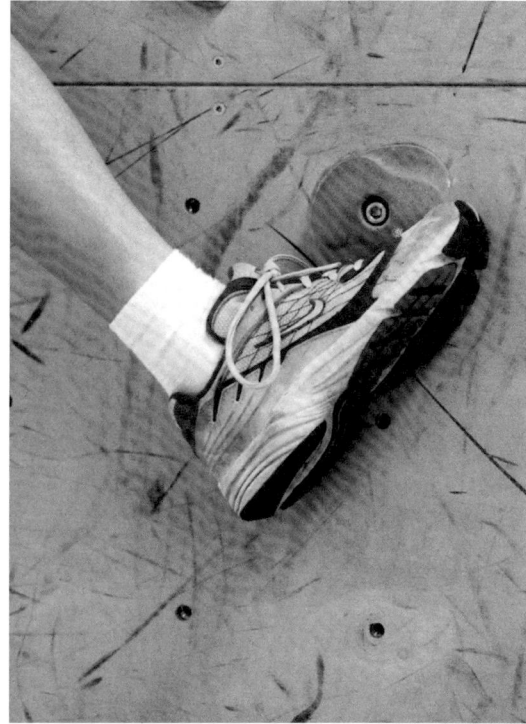

Mit Fersen- und Zehenspitzeneinsatz klettern: Drücken mit der Ferse, Ziehen mit der Fußspitze

Ferse hoch – Ferse tief

Übungsbeschreibung: Versuchen einmal mit hoher Ferse, einmal mit hängender Ferse auf dem Tritt zu stehen und den Unterschied zu spüren – was ist sicherer und Kraft sparender an dieser Stelle?

Trittwechsel

Übungsbeschreibung: Durch Umspringen, durch Auswechseln oder im Dreieck tretend einen Trittwechsel durchführen.

Hoch antreten

Übungsbeschreibung: Wer kann von zwei vorgegebenen Griffen möglichst hoch antreten (mit den Füßen einen möglichst hoch gelegenen Tritt erreichen) und weiterklettern?

Enge/weite Tritte

Übungsbeschreibung: Eine Kletterstrecke einmal mit möglichst vielen, dann mit möglichst wenigen Tritten absolvieren.

Kombinierte Übungen zur Positionierung des Körpers

Mithilfe der Übungen soll gelernt werden, beim Klettern den Körperschwerpunkt (KSP) zwischen den Griffen und Tritten so zu positionieren, dass die Haltearbeit der Arme möglichst gering und die Hubarbeit der Beine möglichst hoch ist. Störende Rotationen – z. B. ein unkontrolliertes Wegdrehen von den Tritten und Griffen – sind zu vermeiden. Unterscheiden lässt sich eine frontale Kletterposition (der Oberkörper zeigt Richtung Kletterwand) und eine seitliche Kletterposition (eine Oberkörperseite zeigt Richtung Kletterwand). Bei der seitlichen (eingedrehten) Körperposition tritt der Fuß der Greifhandseite mit dem Außenrist an. Der Vorteil besteht darin, dass der Körperschwerpunkt näher an die Wand gebracht und die Reichweite vergrößert wird.

Zug um Zug

Übungsbeschreibung: Zug um Zug gemeinsam mit seinem Partner einen Boulder entwickeln. (Ein Zug bedeutet, eine Hand oder einen Fuß zu versetzen.)

Erst Füße – dann Hände

Übungsbeschreibung: Beim Klettern müssen erst beide Füße umgesetzt werden, erst danach darf weitergegriffen werden.

Faultier

Übungsbeschreibung: Wie das Faultier mit langen Armen klettern; die Griffhöhe liegt etwas über der Stirnhöhe, d. h. die Knie müssen deutlich gebeugt werden.

360 Grad

Übungsbeschreibung: Sich an der Kletterwand an zwei guten Griffen einmal um die eigene Körperachse drehen.

No-hand-rest

Übungsbeschreibung: Durch Verspreizen, Anlehnen etc. eine Kletterposition finden, bei der beide Hände von den Griffen gelöst werden können.

In Seilchenschaft

Übungsbeschreibung:	Zwei oder drei Kletterer werden mit einem kurzen Seilstück eng miteinander verbunden (Seilchen in Hosenbund stecken). Gemeinsam sollen sie einen Quergang klettern.
Materialien:	Seil

Kletterlotse

Übungsbeschreibung:	Partnerübung: Ein Partner gibt am Boden stehend die Griffe und Tritte so vor, dass sein Partner dies kletternd realisieren kann.

Express-Schlinge auf dem Kopf

Übungsbeschreibung:	Mit einer Express-Schlinge auf dem Kopf queren.
Materialien:	Express-Schlingen

Rechts oder links?

Übungsbeschreibung:	Auf Kommando des Partners entweder die rechte oder die linke Hand vom Griff lösen und dann eine stabile Gleichgewichtsposition finden.

Pendel

Übungsbeschreibung: Partnerübung: An der Rückseite des Klettergurtes oder an der Hüfte wird eine Reepschnur befestigt, an deren unterem Ende ein Gewicht (z. B. Karabiner, Abseilachter) hängt. Aufgabe ist es, beim Klettern darauf zu achten, dass beim Antreten das Pendel auf die Seite des Standbeins schwingt. Der Kletterpartner

Beim Klettern darauf achten: Wohin schlägt das Pendel aus?   **43**

kontrolliert so das unbelastete Antreten und das Verschieben des Körperschwerpunktes.

Materialien: Seilchen, Abseilachter etc.

Zwilling

Übungsbeschreibung: Mit einem Toilettenpapierröllchen werden zwei Finger einer Hand fixiert; Aufgabe ist es, trotz des Handicaps einen Quergang zu klettern.

Materialien: Toilettenpapierröllchen

Change your position

Übungsbeschreibung: Abwechselnd einen frontalen, dann wieder einen seitlich positionierten Kletterzug machen.

Mal was Neues

Übungsbeschreibung: Einzugboulder: Von zwei Ausgangsgriffen zu einem definierten Zielgriff gelangen und dabei jeweils andere Tritte benutzen.

Freeze

Übungsbeschreibung: Partnerübung: Einer klettert und wird durch einen „freeze"-Ruf von seinem Partner in der jeweiligen Kletterposition „eingefroren" – 5 Sek. halten.

Spiele an der Boulderwand

Spiele an der Boulderwand

Die Spiele werden einer Systematik aus vier Kategorien zugeteilt, die der übergeordneten Spielidee entsprechen:
- Such- und Merkspiele
- Transport- und Geschicklichkeitsspiele
- Fang- und Verfolgungsspiele
- kombinierte Wettspiele

Um eine Auswahl für den Unterricht zu erleichtern, gliedern sich die einzelnen Spiele nach:
- den Spielregeln (können jederzeit geändert oder ergänzt werden)
- der Spielerzahl (ist unsere erfahrungsgeleitete Empfehlung und hängt auch von der vorhandenen Wandgröße ab)
- den Materialien (sollten vorhanden sein)
- den Variationen (sollen die Spiele verändern und weiterhin spannend machen)

Zur Wandgröße, zum Wandaufbau und zur Wandstruktur machen wir nur folgende Aussage: Das Spielgelände sollte mit großen Griffen und vielen Tritten versehen sein. Besonders geeignet sind für Anfänger geneigte oder senkrechte, aber keine überhängenden Passagen. Je nach Leistungsvermögen können die Spiele aber auch im überhängenden Gelände und einige auch mit Seilsicherung an hohen Kletterwänden gespielt werden. Um einer konditionellen Überforderung vorzubeugen und um die Bewegungsvielfalt anzuregen, sollten die Spiele so ausgewählt werden, dass nicht der Kletterschwierigkeitsgrad über Sieg oder Niederlage entscheidet.

Such- und Merkspiele

Schatzsuche

Spielregeln:	Der Spielleiter versteckt unbeobachtet in Griffen und Tritten eine Anzahl von Münzen (z. B. Centstücke). Die Gruppe postiert sich vor der Boulderwand und klettert auf Kommando los. Es darf nicht gestoßen oder gedrängelt werden. Wer unfreiwillig absteigt, muss eine Münze abgeben. Gewonnen hat, wer in einer bestimmten Zeit die meisten Münzen gefunden hat.
Spielerzahl:	4–10
Materialien:	Münzen
Variationen:	• Vorab zwei Gruppen bestimmen, die sich gemischt an der Wand verteilen und zusammen suchen; gewonnen hat die Gruppe mit den meisten Münzen.
	• Zwei Gruppen bestimmen und dann paarweise suchen lassen.
	• Münzen nur in Griffe legen und diese blind suchen lassen.
	• Der Spielleiter bringt an den Schrauben der Klettergriffe Magnetpads oder andere kleine Gegenstände an. Die ganze Gruppe postiert sich blind vor der Boulderwand und steigt auf Kommando ein. Aufgabe ist es, möglichst viele Pads zu finden und zu sammeln. Gewonnen hat, wer in einer vorgegebenen Zeit (z. B. 3 Min.) die meisten Pads gesammelt hat.

Affenbande

Spielregeln:	Die Gruppe wird paarweise eingeteilt und jedes Paar bekommt einen Eimer. Am Fuß der Kletterwand werden verschiedene Gegenstände gleichmäßig in Reichweite von Fuß oder Hand erteilt. Alle Mitspieler befinden sich in Kletterposition. Aufgabe ist es, in einer bestimmten Zeit (z. B. 5 min) möglichst viele Gegenstände im Eimer zu haben. Wer zwischendrin absteigen muss, verliert einen

Gegenstand. Gewonnen hat das Paar mit den meisten Gegenständen.

Spielerzahl: 6–14

Materialien: Eimer, verschiedene Gegenstände (Tennisbälle, Schuhe etc.)

Variationen:
- Jeder sammelt für sich allein.
- Erlaubt sind Diebstähle aus den Eimern der/des anderen.
- Der Kletterpartner steht in 5 m Entfernung von der Wand mit einem Eimer. Der Kletterer muss den Gegenstand zuwerfen; nur bei erfolgreichem Fangen mit dem Eimer gibt es einen Punkt.

Climbing-map

Spielregeln: Aufgabe ist es, zu zweit einen Boulder zu erfinden und die benutzten Tritte und Griffe in eine Skizze einzutragen, so dass andere den Boulder nachklettern können.

Spielerzahl: 4–10

Materialien: Stifte, Papier

Variationen:
- Mehrere Boulder erfinden und diese nach Schwierigkeit bewerten.
- Die Skizzen untereinander austauschen und die Boulder klettern.

The right feeling

Spielregeln: Unter einer Decke liegen verschiedene Griff- und Trittelemente, die mit denen an der Boulderwand identisch sind. Der Spieler ertastet einen Griff und übergibt diesen, ohne ihn gesehen zu haben, dem Spielleiter. Aufgabe ist es, diese Griffform kletternd an der Boulderwand wieder zu finden.

Spielerzahl: 1–12

Materialien: Tuch, Decke oder Seilsack; verschiedene lose Griffe und Tritte

Variationen:	• Die Spieler sollen zwei/drei verschiedene Griffe/Tritte ertasten und wieder finden.
	• Den Spielern wird der betreffende Griff gezeigt, dieser Griff muss anschließend „blind" an der Wand wieder gefunden werden.
	• Alle Spieler einer Mannschaft ertasten zunächst gemeinsam einen Tritt; gewonnen hat die Mannschaft, die nach Besichtigung an der Wand die genaue Anzahl der an der Wand befindlichen identischen Tritte nennt.

Alle wie einer

Spielregeln:	Einer klettert im Quergang vor – alle klettern ihm nach.
Spielerzahl:	4–10
Materialien:	keine
Variationen:	• Nur die gleichen Griffe benutzen.
	• Nur die gleichen Tritte benutzen.
	• Mit Handfassung klettern: Der Zweite fasst den Ersten am Handgelenk.

Schattenbouldern

Spielregeln:	A klettert voraus und B beobachtet ihn vor der Wand stehend und versucht, dieselben Tritt-/Griffkombinationen nachzuklettern.
Spielerzahl:	4–10
Materialien:	keine
Variationen:	• Nur die gleichen Tritte benutzen.
	• Nur die gleichen Griffe benutzen.

Blinder Wächter

Spielregeln:	Der „Blinde Wächter" steht im Abstand von ca. 5 m vor der Kletterwand; die anderen versuchen einzeln möglichst lautlos an der Kletterwand zu queren. Sobald der „Blinde Wächter" ein Geräusch hört, dreht er sich um und zeigt auf die Geräuschquelle. Deutet er tatsächlich auf einen Kletterer, so wird dieser dann der neue „Blinde Wächter".
Spielerzahl:	4–10
Materialien:	Tuch, Schal oder Mütze zum Verbinden der Augen
Variationen:	• Gewonnen hat der „Blinde Wächter", der die meisten Kletterer hört.

Hänsel und Gretel

Spielregeln:	Ein Kletterer versucht so weit, wie es ihm aus der Erinnerung möglich ist, an den gleichen Griffen oder Tritten zurück zum Ausgangspunkt zu klettern und die Boulderwand zu queren. Die anderen passen auf, ob auch die richtigen Griffe oder Tritte für den Rückweg benutzt werden. Gewonnen hat, wer den weitesten Quergang hin und zurück schafft (bei der gleichen Weite zählt die Kletterzeit).
Spielerzahl:	4–10
Materialien:	Klebestreifen zur Markierung der Kletterweite, Stoppuhr
Variationen:	• Partnerweise klettern.

Memory

Spielregeln:	Jeder schreibt seinen Namen auf zwei Kärtchen und bringt sie mithilfe von Klebeband versteckt an der Wand an. Alle Spieler sitzen vor der Boulderwand und klettern abwechselnd vom Startpunkt (z. B. rechte Wandbegrenzung) los, um ein Pärchen zu finden. Hat ein Spieler ein Pärchen

gefunden, nimmt er es mit zum Startpunkt zurück. Gewonnen hat, wer die meisten Kartenpärchen findet.

Spielerzahl:	4–10
Materialien:	Stifte, Karten, Klebeband
Variationen:	• Wird die falsche Karte aufgedeckt, muss man absteigen und der Nächste ist dran.
	• Mit Memorykarten spielen.

Rot, grün oder gelb?

Spielregeln:	Alle Kletterer klettern an der Boulderwand. Der Spielleiter ruft eine Farbe: „Rot!" Verloren hat derjenige, der zuletzt einen roten Griff oder Tritt erwischt.
Spielerzahl:	4–10
Materialien:	keine
Variationen:	• Der Spielleiter nennt Farbe, Griff oder Tritt und die jeweilige Körperseite (rechts/links).
	• Mit Musik klettern; wenn die Musik stoppt, gilt es möglichst schnell eine bestimmte Grifffarbe zu erreichen.

Bist Du sicher?

Spielregeln:	Jeder aus der Gruppe bekommt einen baugleichen Karabiner (Abseilachter etc.). Aufgabe ist es, sich diesen Gegenstand so genau einzuprägen, dass dieser, nachdem alle gemischt wurden, anschließend (z. B. aufgrund von bestimmten Benutzerspuren) wieder erkannt wird.
Spielerzahl:	4–10
Materialien:	HMS-Karabiner, Schraubkarabiner, Abseilachter ...

Transport- und Geschicklichkeitsspiele

Bierdeckelboulder

Spielregeln:	Auf Griffen und Tritten werden 20–30 Bierdeckel verteilt. Aufgabe der zwei Mannschaften ist es, in der Spielzeit von 3 Min. so viele Bierdeckel wie möglich einzusammeln. Aber: Es darf jeweils nur einer vom Startpunkt aus klettern und der Bierdeckel muss auf dem Kopf balancierend zurückgebracht werden (falls dies zu schwierig sein sollte, dürfen die Bierdeckel in die Hand genommen werden). Gewonnen hat die Mannschaft, die in der vorher vereinbarten Spielzeit die meisten Bierdeckel eingesammelt hat oder die mit ihren Bierdeckeln die meisten Kartenhäuser bauen kann.
Spielerzahl:	4–10
Materialien:	Bierdeckel
Variationen:	• Blind klettern und Bierdeckel ertasten, der Rücktransport erfolgt mit der Hand.
	• Die Zahl der Bierdeckel wird limitiert, wer zuerst 5 Bierdeckel zurückbringt, hat gewonnen.
	• Alle dürfen gleichzeitig klettern.

Click as fast as you can

Spielregeln:	Zwei bis vier Mannschaften stehen 10 m von der Boulderwand entfernt. Aufgabe der Mannschaften ist es, in einer Pendelstaffel Express-Schlingen in Hakenlaschen einzuhängen, die in gleicher Höhe an der Wand angebracht sind. Erlaubt ist das Einhängen nur in Kletterposition in den jeweils unteren Karabiner, so dass eine Express-Schlingenkette entsteht. Gewonnen hat die Mannschaft, deren Kette zuerst den Boden berührt.
Spielerzahl:	6–14
Materialien:	Express-Schlingen, Bohrhakenlaschen, Tape (falls keine Laschen vorhanden sind)
Variationen:	• Welche Mannschaft hängt zuerst zehn Karabiner ein?

Bierdeckelboulder: Kreative Lösungen bei der Positionierung des Körpers entstehen beim Spielen automatisch

Spielerisch den Umgang mit der Kletterausrüstung lernen – clip as fast as you can!

Clip as fast as you can

Spielregeln: Neben der Boulderwand liegt in ca. 20–30cm Abstand ein
Kletterseil. Ein Kletterer hat die Aufgabe, während des Quer-
gangs das Seil in alle vorbereiteten Express-Schlingen richtig
einzuhängen. Wer schafft das am schnellsten?

Spielerzahl:	4–10
Materialien:	Kletterseil, Express-Schlingen, Bohrhakenlaschen, Tape, Stoppuhr
Variationen:	• Das Seil nur mit links/rechts clippen.

Verheiratet

Spielregeln:	Zwei Kletterer werden am Unterarm und Unterschenkel mit einem Seil verbunden. Aufgabe ist es, in möglichst kurzer Zeit einen Quergang zu schaffen. Gewonnen hat das schnellste Team.
Spielerzahl:	4–10
Materialien:	Seil, Stoppuhr
Variationen:	• Der Zweite klettert „blind".

Transporter

Spielregeln:	Die Gruppe wird in zwei Teams aufgeteilt, eine Mannschaft verteilt sich an der Kletterwand. Aufgabe ist es, in einer bestimmten Zeit (z. B. 3 Min.) möglichst viele Gegenstände von rechts nach links zu transportieren. Die Gegenstände dürfen nicht eingesteckt oder in den Mund genommen werden. Die Kletterer dürfen beim Transport nicht von der Wand steigen. Wer den Boden berührt, muss den betreffenden Gegenstand zurück zum Anfang bringen. Die Gegenstände sind unterschiedlich sperrig und zählen deshalb unterschiedlich viele Punkte. Gewonnen hat die Mannschaft mit den meisten Punkten.
Spielerzahl:	4–10
Materialien:	Gegenstände unterschiedlicher Größe (Schuhe, Bälle etc.)
Variationen:	• Beide Mannschaften klettern gleichzeitig an der Wand und transportieren in verschiedene Richtungen.

Wasser marsch

Spielregeln:	Die Gruppe wird in zwei Mannschaften eingeteilt. Aufgabe ist es, innerhalb von 3 Min. Wasser mit einem Plastikbecher aus einem Eimer zu schöpfen und diesen im Quergang zu transportieren, an dessen Ende das Wasser in einen Messbecher eingefüllt wird. Gewonnen hat die Mannschaft, deren Messbecher am Schluss den höheren Wasserstand aufweist. Start ist am Rand der Boulderwand.
Spielerzahl:	4–10
Materialien:	2 Messbecher, 2 Eimer, Plastikbecher

Klamottentausch

Spielregeln:	Zwei Kletterer werden von rechts und links in die Wand geschickt. Am Treffpunkt sollen sie ihre Pullover tauschen. Welches Paar tauscht am schnellsten die Pullover?
Spielerzahl:	4–10
Materialien:	Weite T-Shirts, Pullover, Jogginghosen, Stoppuhr
Variationen:	• Wer kann mit seinem Partner eine (zu große) Jogginghose tauschen?

Förderband

Spielregeln:	Die Gruppe wird in Mannschaften eingeteilt. Eine Mannschaft verteilt sich an der Boulderwand. Welche Mannschaft kann einen Gegenstand (Medizinball, Tennisball, Luftballon) am schnellsten von Kletterer zu Kletterer weiterreichen?
Spielerzahl:	4–10
Materialien:	verschiedene Gegenstände für den Transport, Stoppuhr
Variationen:	• Der Luftballon darf nicht festgehalten, sondern nur angetippt werden. • Der Luftballon darf nur mit dem Fuß gespielt werden.

Bloß den Reifen nicht verlieren! – Geschicktes Lösen von Griffen und Tritten beim Durchklettern des Reifens

---

Give me the ring

Spielregeln:	Zwei bis drei Mannschaften verteilen sich an der Boulderwand in Kletterposition. Aufgabe ist es, dass alle möglichst schnell durch einen Gymnastikreifen klettern. Die Spieler dürfen sich beim Durchsteigen gegenseitig helfen.
Spielerzahl:	4–10
Materialien:	1 Gymnastikreifen pro Mannschaft
Variationen:	Der Reifen wandert zuerst von links nach rechts und dann wieder zurück, die Mitspieler dürfen das Durchsteigen nicht unterstützen.

Turn around

Spielregeln:	Alle Kletterer verteilen sich an der Boulderwand. Wer kann sich auf Kommando am schnellsten einmal um die eigene Achse drehen, ohne absteigen zu müssen?
Spielerzahl:	4–10
Materialien:	keine/Bierdeckel
Variationen:	• Mit einem Bierdeckel auf dem Kopf drehen.
	• Wer schafft mit Bierdeckel die meisten Drehungen?

Kletter-ABC

Spielregeln:	In der Mitte der Boulderwand wird in 2–2,5m Höhe eine Plastiktüte befestigt. In der Tüte befinden sich kleine Zettel mit Buchstaben. Zwei Teams starten im Pendelstaffelverfahren jeweils von einem Ende der Boulderwand. Jeder Kletterer bringt einen Buchstaben mit zurück. Nach einem Zeitlimit von 3 Min. haben die Teams die weitere Aufgabe, mit ihren erkletterten Buchstaben Wörter zu legen. Es gewinnt das Team, das innerhalb von 3 Min. die meisten sinnvollen Wörter legen kann. (Tipp: Viele Vokale auf die Zettel schreiben; die Zettel dürfen von den Kletternden nicht eingesehen werden.)
Spielerzahl:	8–16
Materialien:	Tüte, ca. 10 Zettel mit Buchstaben pro Kletterer, Stoppuhr
Variationen:	• Zettel mit Wörtern beschriften, so dass ganze Sätze gebildet werden können.

Fang- und Verfolgungsspiele

Balloonmaster

Spielregeln:	Zwei Mannschaften schicken jeweils einen Kletterer in die Wand. Beim Treffen der beiden ist das Ziel, den am Bein des Gegners befestigten Ballon ohne abzusteigen zum Zerplatzen zu bringen. Gewonnen hat die Mannschaft mit den meisten Masters (der den gegnerischen Ballon zum Zerplatzen gebracht hat).
Spielerzahl:	4–10
Materialien:	Luftballons, Bindfaden

Schwänze fangen

Spielregeln:	Alle Kletterer stecken sich eine Bandschlinge oder ein Parteiband in den Hosenbund und postieren sich an der Boulderwand. Aufgabe ist es, dem anderen das Parteiband abzuziehen. Wer sein Band verliert, scheidet aus. Gewonnen hat, wer zuletzt übrig bleibt.
Spielerzahl:	4–10
Materialien:	lange Bandschlingen oder Parteibänder
Variationen:	• Zwei Mannschaften spielen gegeneinander.
	• Gewonnen hat, wer die meisten Bänder erobert.

Hase und Jäger

Spielregeln:	Der Hase steckt sich eine Bandschlinge oder ein Parteiband in den Hosenbund und postiert sich mit einem Vorsprung von 2 m an der Boulderwand. Aufgabe des Jägers ist es, den Hasen vor dem Zielpunkt einzuholen und ihm das Parteiband abzuziehen (Nicht anspringen!).
Spielerzahl:	4–10
Materialien:	60 cm Bandschlingen oder Parteibänder

Beim Greifen nach dem Band wird die sichere Position aufs Spiel gesetzt, damit der Fänger den Hasen erwischt

Schwarzer Peter

Spielregeln:	Alle klettern an der Boulderwand; einer bekommt eine Wäscheklammer, die er möglichst unbemerkt einem anderen anzwickt. Verloren hat, wer zum Schluss die Wäscheklammer trägt.
Spielerzahl:	4–10
Materialien:	Wäscheklammer
Variationen:	• Jeder hat eine Wäscheklammer. Verloren hat, wer nach 3 Min. die meisten Wäscheklammern angeheftet bekommen hat.

Blinde Kuh

Spielregeln:	Alle Kletterer verteilen sich an der Boulderwand; einem werden die Augen verbunden. Aufgabe der blinden Kuh ist es, einen anderen zu berühren, der dann die blinde Kuh spielt.
Spielerzahl:	4–12
Materialien:	Tuch oder Schal
Variationen:	• Berührt die blinde Kuh einen anderen, werden demjenigen ebenfalls die Augen verbunden; gewonnen hat der, der zuletzt übrig bleibt.

Kombinierte Wettspiele

Auge um Auge und Zahl um Zahl

Spielregeln:	Zwei Gruppen werden gebildet; pro Gruppe befindet sich ein Kletterer an der Wand im Quergang oder im Aufstieg. Die anderen Gruppenteilnehmer laufen (durch einen Slalomparcours oder Hindernisparcours) zu einem Würfel, würfeln und rufen die gewürfelte Zahl dem Kletterer zu, der diese in Kletterzüge umsetzt. Dann laufen sie zurück und der Nächste ist an der Reihe. Gewonnen hat die Mannschaft, die ihren Kletterer zuerst zum Zielpunkt würfelt.
Spielerzahl:	6–14
Materialien:	Würfel

Kletter-Takeshi

Spielregeln:	Zwei Mannschaften werden gebildet; eine Mannschaft klettert im Quergang, die andere Mannschaft wirft mit Softbällen auf die Kletternden und zählt die Treffer. Gewonnen hat die Mannschaft, die in einem Zeitlimit von 3 Min. die meisten Punkte sammelt.
Spielerzahl:	4–10
Materialien:	Softbälle oder Softfrisbees
Variationen:	• Klettern mit Schutzzonen (Klebeband); gewonnen hat die Mannschaft, die die meisten Kletterer durchbringt.
	• Erschwerung: Werfen mit links, Klettern mit einer Hand.

Kletter-Takeshi mit Softfrisbees und Indiakapfeilen

Zeitlimit

Spielregeln:	Wer schafft es, möglichst genau 2 Min. lang zu klettern?
Spielerzahl:	4–10
Materialien:	Stoppuhr
Variationen:	• In 2 Min. möglichst oft eine bestimmte Kletterstrecke wiederholen.

17 + 4

Spielregeln:	Drei bis vier Mannschaften werden gebildet; an der Wand werden verdeckt Spielkarten angebracht; jede Mannschaft schickt einen Kletterer los, der jeweils eine Karte kletternd mitbringt. Gewonnen hat die Mannschaft, die beim anschließenden Aufdecken am nächsten bei 21 ist oder sogar genau 21 Augen hat.
Spielerzahl:	4–10
Materialien:	Spielkarten

Kletterbrennball

Spielregeln:	Zwei Mannschaften: eine Mannschaft klettert im Quergang, die andere Mannschaft postiert sich sitzend im Raum vor der Boulderwand. Die Klettermannschaft muss möglichst viele Kletterer durch den Quergang bringen, der mit einigen Malen versehen ist (bestimmte Griffe oder Tritte sind z. B. markiert). Das Spiel beginnt mit dem Anwurf oder Schuss des Petziballes vom Startkletterer irgendwo in den Raum. Die andere Mannschaft versucht daraufhin möglichst schnell den Ball in Sitzfußballmanier auf einen kleinen Kasten (etc.), der in der Nähe der Boulderwand steht, zurückzubefördern. Solange der Petziball, der nicht in die Hände genommen werden darf, nicht auf dem Kasten liegt, dürfen sich die Kletterer an der Kletterwand bewegen. Sobald der Ball jedoch auf dem Kasten liegt, „verbrennen" diejenigen Kletterer, die noch an der Boulderwand klettern und keine Zuflucht an den Malen gefunden haben.
Spielerzahl:	8–16
Materialien:	Petziball
Variationen:	• Statt eines Petziballes einen Tischtennisball wegschlagen und zurückpusten oder einen Tennisball, eine Softfrisbeescheibe …

Nikolausi

Spielregeln: An der Wand werden in Höhe der Boulderlinie (markiert, wie hoch maximal geklettert werden darf) kleine Plakate angeklebt; die Gruppe wird in Mannschaften eingeteilt, die sich ca. 10 m vor der Wand aufstellen. Jede Mannschaft bekommt einen Filzstift und auf Kommando laufen die jeweils ersten zur Wand, klettern bis zum Plakat und ziehen einen Strich nach dem Motto: „Das ist das Haus vom Nikolaus." Nach dem Abklettern (nicht abspringen!) laufen sie zurück zum Startpunkt und übergeben den Stift an den Nächsten. Gewonnen hat die Mannschaft, die das Haus des Nikolauses regelgerecht als erste angezeichnet hat.

Spielerzahl: 6–14

Materialien: Stifte, Klebeband, Papier

Variationen:
- Der Motivwahl sind natürlich keine Grenzen gesetzt: In ein vorgefertigtes Gesicht werden die Haare, Ohren, Augen, die Nase und der Mund gemalt oder vorgefertigt mit doppelseitigem Klebeband eingeklebt.

Stille Post

Spielregeln: Einige Kletterer verteilen sich so an der Boulderwand, dass zwischen jedem ein seitlicher Abstand von ca. 2–3 m bleibt. Der Kletterer, der links außen postiert ist, bekommt vom Spielleiter die Aufgabe, zu seinem Nachbarn zu queren und mit seinem Finger diesem eine ein- oder zweistellige Zahl auf den Rücken zu malen. Der Zweite klettert danach zum dritten usw. Am Ende wird kontrolliert, ob die vom Spielleiter ursprünglich genannte Zahl auch tatsächlich mit der vom letzten Kletterer erkannten Zahl übereinstimmt.

Spielerzahl: 4–10

Materialien: keine

Variationen:
- Der Spielleiter kündigt nicht an, dass es sich um Zahlen handelt, die erfühlt werden müssen.
- Geometrische Figuren oder das Besteck erfühlen etc.
- Die Kletterer müssen blind klettern.

Wer hat die „10" bloß so tief gehängt?

Graf Zahl

Spielregeln:	Neben Griffe bzw. Tritte werden Zahlen von 1–10 durcheinander aufgemalt oder angeklebt; Aufgabe ist es, die Zahlen der Reihe nach anzuklettern (z. B. mit der linken Hand berühren). Gewonnen hat, wer es überhaupt schafft, wer es am schnellsten schafft, wer es mit dem linken Fuß schafft, usw.
Spielerzahl:	4–10
Materialien:	Kreide oder Klebeband, Stift und Papier
Variationen:	• Zahlen addieren: Wer klettert am schnellsten die 23?

Buchstabensalat

Spielregeln:	Die Kletterer stehen mit dem Rücken zur Boulderwand nebeneinander in einem Abstand von etwa 1 m. Zwei Dirigenten stehen vor der Gruppe. Der Spielleiter befestigt einzelne Buchstaben eines zusammenhängenden Lösungswortes am Rücken jedes einzelnen Spielers. Auf Kommando drehen sich alle Kletterer um und postieren sich an der Wand. Die Dirigenten haben nun die Aufgabe, die Klettergruppe so zu ordnen, dass anschließend das Lösungswort auf dem Rücken der Spieler zu lesen ist. Hierzu müssen sie je nach Anweisung der Dirigenten aneinander vorbei klettern.
Spielerzahl:	6–12
Materialien:	Zettel mit Buchstaben, Klebeband
Variationen:	• Den Dirigenten ist das Lösungswort bekannt/unbekannt. • Gruppenweise auf Zeit spielen. • Ohne Dirigenten spielen.

Kletterer-ärgere-dich-nicht

Spielregeln: Zwei bis vier Mannschaften werden gebildet. Eine bestimmte Kletterdistanz muss gequert werden. Dies geht umso schneller, je besser die Teammitglieder würfeln (vgl. die Organisationsform bei „Auge um Auge ..."). Die jeweiligen Kletterer starten vom gleichen Einstieg und können bei Berührung des selben Griffes/Trittes entscheiden, ob der andere Spieler den linken/rechten Arm oder das linke/rechte Bein nicht mehr benutzen darf. Gewonnen hat die Mannschaft, die zuerst alle Kletterer auf die andere Seite bringt.

Spielerzahl: 8–16

Materialien: Würfel

Variationen:
- Gespielt wird ohne Handicap bei Berührungen, aber mit Aneinander-Vorbeiklettern.

Weiterführende Literatur

Ausgewählte Bücher zum Sportklettern

Winter, Stefan: Richtig Sportklettern.
München 2001. 128 Seiten.
Dieses mit vielen Fotos aufgelockerte Buch enthält die wichtigsten Basics zum Bouldern und Sportklettern. Beschrieben werden die Ausrüstungsgegenstände und Klettertechniken, außerdem werden Bewegungsprobleme identifiziert und Lösungsmöglichkeiten vorgeschlagen. Gewählt wird dazu ein dreigeteiltes Raster, in dem ausgehend vom Bewegungsziel die Bewegung erläutert, die Funktionen erklärt und mögliche Variationen vorgestellt werden. Darüber hinaus informiert das Buch knapp über die gängigsten Sicherungsmethoden und -mittel. Ob Autodidakte aufgrund dieser Informationen die notwendigen Sicherungsknoten jedoch nachmachen und auch anwenden können, ist eine andere Frage.

Köstermeyer, Guido: Peak Performance.
Klettertraining von A–Z. Erlangen 1999. 85 Seiten.
Wer meint, dass er zum Klettern einfach zu „schwach" sei und ihm die „Kraft" für das Klettern fehle, der wird durch die Lektüre dieses Buches nicht unbedingt konditionell stärker, wohl aber wächst sein trainingswissenschaftliches Wissen im Bereich des Kletterns. Neben den theoretischen Facts werden viele praktische Hinweise und Übungen zum Klettertraining beschrieben.

Köstermeyer, Guido/Tusker, Ferdinand: Sportklettern.
Technik- und Taktiktraining. München 1997. 87 Seiten.
Dieses Buch richtet sich vornehmlich an einen Leserkreis mit wissenschaftlichem Interesse. Versucht wird von den Autoren eine „Theorie des Kletterns" aus Sicht der sportwissenschaftlichen Bewegungslehre. Wen jedoch die biomechanischen Bewegungsanalysen weniger reizen, der findet im hinteren Teil des Buches eine übersichtliche und anhand von Fehlerbildern kommentierte Beschreibung von Inhalten des Techniktrainings.

Hofmann, Michael/Pohl, Wolfgang: Felsklettern. Sportklettern.
Alpin-Lehrplan Band 2. München 1996. 126 Seiten.
Dieses Buch präsentiert und dokumentiert die „offizielle Lehrmeinung" des Deutschen Alpenvereins zu Fragen der Sicherungs- und Seiltechnik, aber auch zu Aspekten der Klettertechnik. Über Lehrmeinungen lässt sich bekanntlich immer gut streiten, vor allem, weil sie gewissen Wandlungen und Entwicklungstendenzen unterworfen sind. Aber wie dem auch sei: Dieses Buch ist kompetent und verständlich geschrieben und behandelt das (alpine) Sportklettern fundiert und facettenreich.

Hepp, Tilmann/Güllich, Wolfgang/Heidorn, Gerd: Faszination Sportklettern.
Ein Lehrbuch für Theorie und Praxis. München 1992. 172 Seiten.
Eine Lightversion zum Sportklettern, die dem Leser die Sportart aber prägnant vorstellt und dank der vielen Abbildungen und schönen Fotos nahe bringt. Neben Ausrüstungsfragen werden die wichtigsten Sicherungsaspekte des Sportkletterns im Klettergarten sowie die Klettertechniken anschaulich behandelt. Kurze Hinweise zur Klettertaktik, zum Bereich der Psyche sowie zum Klettertraining schließen das Buch ab.

Güllich, Wolfgang/Kubin, Andreas: Sportklettern heute.
Technik – Taktik – Training. München 1986. 192 Seiten.
Das Kultbuch der (alten) Sportklettergemeinde. Akribisch und analytisch werden die Technik des Kletterns, die Taktik des Kletterns und das Klettertraining beschrieben, ohne ein bestimmtes Dogma zu verbreiten. Im Gegensatz zu manchen nachfolgenden und nachrückenden Kletterlehrern sind die Autoren trotz ihres hohen Wissens und Könnens bescheiden: „Ganz sicher wird die Schnelllebigkeit des Sports die Erkenntnisse überholen, doch vielleicht ist es uns gelungen", so schreiben sie im Vorwort ihres Buches, „eine Basis zur Weiterentwicklung der Kletterkunst niederzuschreiben." Viele Bilder von Meilensteinen des Sportkletterns lockern die Lektüre auf.

Ausgewählte Veröffentlichungen zum Klettern mit Kindern und Jugendlichen

Köstermeyer, Guido/Neumann, Peter/Schädle-Schardt, Walter (Hrsg.): Go climb a rock!
Sportklettern – Aktuelle Aspekte zum Lehren, Üben und Erleben.
Hamburg 2001. 96 Seiten.
Dieser Sammelband führt unterschiedliche sportwissenschaftliche Facetten des Sportkletterns zusammen: Neben pädagogisch-didaktischen Erläuterungen zu einem mehrperspektivischen Vermittlungsansatz im Kletterunterricht werden trainingswissenschaftliche, sportpsychologische und erlebnispädagogische Aspekte des Kletterns erörtert. Darüber hinaus finden sich in diesem Buch konkrete Hinweise zur Planung und zum Bau einer Kletterwand, ein knotendidaktischer Leitfaden sowie eine vergleichende Betrachtung von in der Kletterpraxis verbreiteten Sicherungsgeräten.

Winter, Stefan: Sportklettern mit Kindern und Jugendlichen. Training für Freizeit, Schule und Verein. München 2000. 154 Seiten.
Dieses Buch kann aus Sicht des Kletterunterrichts sicherlich zur Grundlagenliteratur gezählt werden: Der hier empfohlene Vermittlungsweg löst sich von einer engen Sportartenorientierung und betrachtet das Sportklettern verstärkt aus pädagogi-

scher Perspektive. Das Buch bietet konzentrierte und brauchbare Hinweise und Empfehlungen für einen sicheren und methodisch ausgewogenen Kletterunterricht und ist reich an Illustrationen, Bildern und vielen wichtigen Informationen zum Thema „Klettern als Schulsport".

Neumann, Peter/Rolke, Julia: Klettern lernen im Schulsport – eine Einführung.
In: Lehrhilfen für den sportunterricht 49 (2000) 6, 1–9.
Anschaulich beschrieben und dokumentiert wird eine mehrperspektivische Unterrichtsreihe mit vier Unterrichtseinheiten zum Klettern (Einführung) mit Schülerinnen und Schülern einer 11. Jahrgangsstufe. Intention ist, den Schülern das Klettern unter vier unterschiedlichen Sinnperspektiven nahe zu bringen.

Bundesverband der Unfallkassen: (GUV 20.54) Sicher nach oben …
Klettern in der Schule. München 1999. 15 Seiten.
Diese kostenlose Broschüre informiert über die wichtigsten Sicherheitsrichtlinien, die beim Bau einer Boulderwand oder Kletteranlage in der Schule aus Sicht der Versicherungsträger zu beachten sind. Hierzu finden sich auch wichtige Angaben zur zulässigen Tritthöhe in Abhängigkeit von der Beschaffenheit des Niedersprungbereiches.
(Bezugsadresse: Bundesverband der Unfallkassen, Fockensteinstraße 1, 81539 München).

Kümin, Charlotte/Kümin, Markus/Lietha, Andres:
Sportklettern. Einstieg zum Aufstieg. Bern 1997. 88 Seiten.
Dieses mit vielen guten Fotos sehr aufwändig gestaltete Buch ist eines der ersten zum Thema „Sportklettern mit Kindern und Jugendlichen". Obwohl es noch relativ jung ist, kann es durchaus zu einem echten „Klassiker" in dieser Sparte werden, behandelt es das Sportklettern doch konsequent aus der Sicht potenzieller Lehrender: Als Lehrmittel konzipiert, bietet das Buch knappe theoretische Betrachtungen zum Kletterunterricht und im Hauptteil eine umfangreiche und fundierte Übungssammlung zum Klettern in der Turnhalle an Sportgeräten, an künstlichen Kletterwänden und am natürlichen Fels.

Ruedi Meier: Bergsteigen mit Kindern.
Schweizer Alpen-Club (Hrsg.). Anleitung für Eltern. Basel 1995. 118 Seiten.
Neben grundsätzlichen Anmerkungen werden in diesem handlichen Bändchen mit vielen unterhaltsamen und informativen Cartoons die wichtigsten Knoten und Seiltechniken vermittelt. Hinweise zur Klettertechnik im Fels und zur sicheren Fortbewegung auf dem Gletscher und auf Schnee, allgemeine Sicherheitshinweise, Tipps zur Tourenplanung sowie zur kindgerechten Geländeauswahl runden diesen Leitfaden ab.

Ruedi Meier: Bergsteigen mit Kindern.
Schweizer Alpen-Club (Hrsg.). Kinderteil. Basel 1995. 56 Seiten.
Dies ist ein kleines Buch für den Rucksack, das zu der oben beschriebenen Anleitung für die Eltern gehört. Ansprechend aufbereitet durch lustige Cartoons ist es ein Versuch, den Kindern angemessene Verhaltensweisen und Grundregeln beim Klettern und für das Bewegen im Gelände nahe zu bringen. Nicht so gelungen sind die Knotenabbildungen, denen die verschiedenen Handgriffe beim Knüpfen und die Knüpfrichtungen nicht entnommen werden können. Als Abschluss werden einige (Kletter-)Spiele vorgeschlagen, die am Felsen, an langen Hüttenabenden oder bei schlechtem Wetter für Spaß und Unterhaltung sorgen sollen.

Kletterspiele/Kletterlandschaften

JDAV, (Wahl, Wolfgang/Bertle, Ludwig): Klettern mit Kindern.
München 2000. 52 Seiten.
Mit dieser kleinen Broschüre werden in erster Linie Übungsleiterinnen und Übungsleiter des DAV angesprochen, die Gruppen mit Kindern betreuen. Neben kurzen Ausführungen zu möglichen pädagogischen Förderungsaspekten finden sich entwicklungsgemäße Empfehlungen zum Klettern mit Kindern sowie einige Spiele und Übungen.

ÖAV-Jugend (Hrsg.): Kletterspiele.
47 Spiele mit und ohne Kletterausrüstung. Innsbruck 1999. 140 Seiten.
Im Mittelpunkt der Übersetzung des französischen Originals steht eine Spieledatei mit insgesamt 47 Kletterspielen, die durch viele Spielvarianten ergänzt wird. Die Spiele sind verständlich beschrieben und anschaulich illustriert. Zum Einstieg werden wichtige Hinweise zur Sicherheit und zur Organisation des Kinderkletterns gegeben.

GUV 57.1.47: (Norbert Baumann/Heinz Hundeloh) Alternative Nutzung von Sportgeräten (Sicherheit im Schulsport).
München 1996. 39 Seiten.
Wer im Schulsport den Schülern das Klettern an alternativen Gipfeln und Mattenbergen ermöglichen will, der sollte zuvor einen Blick in diese kostenlose Broschüre werfen: Nicht alle Geräte, die in der Turnhalle zum Bau eines Kletterarrangements verwendet werden könnten, dürfen aufgrund erhöhter Unfallgefahren auch genutzt werden. Wer hier auf der sicheren Seite bleiben will, kann sich in dieser Broschüre nützliche Informationen und Anregungen holen.

(Bezugsadresse: Bundesverband der Unfallkassen, Fockensteinstraße 1, 81539 München).

sportpädagogik (Themaheft): Klettern. sportpädagogik 17 (1993) 4.
Dieses schon etwas ältere Themaheft ist immer noch lesenswert, weil zum einen bewegungspädagogisch-theoretische Argumente entfaltet und zum anderen viele verschiedene praktische Vorschläge zum Thema „Klettern in der Schule" gemacht werden.

Die Autoren

Jürgen Kittsteiner, Dr.
geb. 1971, ist Akademischer Direktor am Institut für Sportwissenschaft/Sportzentrum der Universität Regensburg. Seine Arbeitsschwerpunkte in der Fachdidaktik sind Sportspiele, Wintersport und Trendsport. Er klettert und bouldert seit 25 Jahren.

Peter Neumann, Dr.
geb. 1965, ist Professor für Sportpädagogik an der Pädagogischen Hochschule Heidelberg.
Seine Arbeitsschwerpunkte sind Schulsportdidaktik, Schulsportentwicklung und Sportlehrerausbildung. Er leitet die Ausbildung „Klettern im Schulsport" und klettert selbst seit 40 Jahren.

Der Illustrator
Erbse Köpf
geb. 1968, studierte Germanistik und Sport in Konstanz. Seit 1998 freiberufliche Tätigkeit als Systemischer Berater und Outdoortrainer sowie Illustrator und Cartoonist. Seine Leidenschaft für das Klettern findet Ausdruck in den Klettercomics, die er seit 1996 publiziert.

Spiele für die Arbeit mit Gruppen und Teams

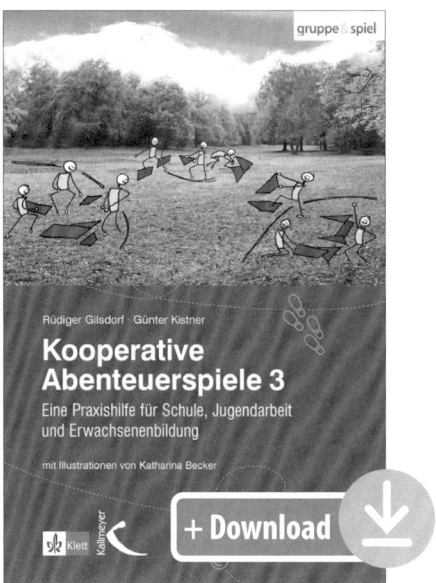

RÜDIGER GILSDORF, GÜNTER KISTNER

Kooperative Abenteuerspiele 3
Eine Praxishilfe für Schule, Jugendarbeit und Erwachsenenbildung

16 x 24 cm, 232 Seiten

978-3-7800-4960-5, € 19,95

Kooperative Abenteuerspiele vermitteln Lernerfahrungen durch Spannung, Herausforderungen und Spielspaß. Teamarbeit und soziales Lernen entwickeln sich beim Planen und Ausprobieren neuer und ungewohnter Handlungsmöglichkeiten.

In diesem dritten Band finden sich 145 Spiele, die sich mit Jugendgruppen, Schulklassen oder Teams von Erwachsenen spielen lassen. Eine Gliederung in Kennenlern-, Warming-up-, Wahrnehmungs-, Vertrauens-, Kooperations- und Abenteuerspiele sowie Abenteueraktionen und Reflexionsmethoden, anschauliche Zeichnungen zu jedem Spiel und kompakte Informationen zu formalen Merkmalen (Ort, Zeitrahmen und Materialbedarf) geben eine hilfreiche Orientierung zur Zusammenstellung und Durchführung von kooperativen Abenteuerspielen.

Alle Preise zzgl. Versandkosten, Stand 2021.

Unser Leserservice berät Sie gern:
Telefon: 0511/4 00 04 -150
Fax: 0511/4 00 04 -170
leserservice@friedrich-verlag.de

Das Downloadmaterial enthält weiterführende Materialien.

www.klett-kallmeyer.de

Schlüsselqualifikationen spielerisch vermitteln

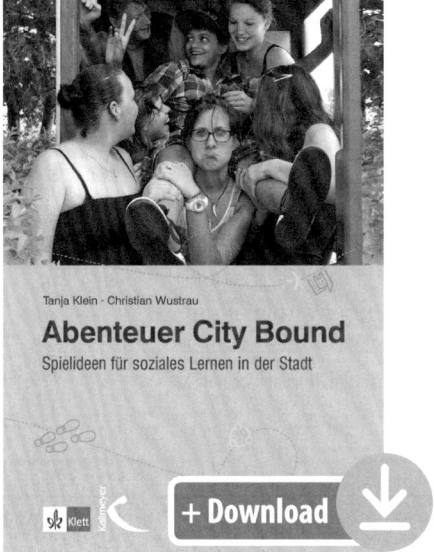

TANJA KLEIN, CHRISTIAN WUSTRAU

Abenteuer City Bound
Spielideen für soziales Lernen in der Stadt

16 x 23 cm, 164 Seiten + 20 Seiten zum Download

ISBN 978-3-7800-4801-1, € 19,95

Mit *Abenteuer City Bound* wird die Stadt zum Spielplatz. Hier können die Teilnehmer Erfahrungsräume entdecken, die sie behutsam an ihre Grenzen und darüber hinaus führen. Die Verbindung aus herausfordernden Aufgaben, Aktionen in der Gruppe und wertschätzender Reflexion ermöglicht es, alltagsrelevante Schlüsselqualifikationen zu vermitteln und soziales Lernen zu fördern.

Diese Spielesammlung will Lust machen, die Dinge auf den Kopf zu stellen, Gewohntes über Bord zu werfen und die eigene Fantasie zu beflügeln. Über 50 fantasievolle Spielideen und die dazu passenden Reflexionsmethoden bieten umfangreiche Anregungen hierfür. Mithilfe einer Checkliste wird die Vorbereitung, Planung und Durchführung von City-Bound-Programmen leicht gemacht.

Die Spielesammlung (plus Download-Material) ist ideal für den Einsatz in Jugendarbeit und Schule.

Alle Preise zzgl. Versandkosten, Stand 2021.

Fachbuch

Unser Leserservice berät Sie gern:
Telefon: 0511/4 00 04 -150
Fax: 0511/4 00 04 -170
leserservice@friedrich-verlag.de

Das Downloadmaterial enthält weiterführende Materialien.

www.klett-kallmeyer.de